In Anyone's Tongue

Poems by
Vyacheslav
Kupriyanov

FOREST
BOOKS
London & Boston

*Selected & Translated
from the Russian by*
Francis R. Jones

PUBLISHED BY
FOREST BOOKS

20 Forest View, London E4 7AY, UK
P.O. Box 312, Lincoln Centre, MA 01773, USA

FIRST PUBLISHED 1992

Typeset in Great Britain by Cover to Cover, Cambridge
Printed by BPCC Wheatons Ltd, Exeter

British Library Catalogue in Publication Data:
A catalogue record for this book
is available from the British Library

ISBN 1 85610 012 X

Library of Congress Catalog Card No:

92–70969

Forest Books gratefully acknowledge financial support for
this publication from the Arts Council of Great Britain

Cover painting: Paysage anthropomorphe. Portrait de femme.
Musées royaux des Beaux-Arts de Belgique, Bruxelles.
(photo: G. Cussac)

Contents

The Word in Everyone's Blood: The Poetry of Vyacheslav Kupriyanov

Vyacheslav Kupriyanov is rapidly becoming recognised, both within and beyond his country's borders, as one of the most skilful and stimulating of contemporary Russian poets.

Kupriyanov was born in 1939 in Novosibirsk, and now lives and works in Moscow. His first published works were translations of poetry from German and English. It took many years for his first collection of poems, *Ot pervovo litsa* (First person), to find acceptance with publishers; it finally appeared in 1981, only to be followed in 1982 by *Žiznj idët* (Life goes on); *Domašnie zadanija* (Homework) appeared in 1986, and *Echo* in 1988. Several translated compilations of his work have appeared in Western Germany and in different languages of the former Soviet Union; this is his first full-length book to appear in English.

A reviewer recently described Kupriyanov's poems as 'decidedly magical . . . as economical as they are enigmatic'. There is indeed a magic about many of his poems – in both senses of the word.

In the lighter sense, many of his poems have a delicate, slightly unearthly charm, especially those which evoke the vast stillness of the Russian landscape:

The hills, decked with the gold of birches,
have now, it seems, become
the domes of churches,
where, in green dreams,
ladybirds pray
to birch-gods.

His poems also have the earthier magic of myth, where the unreal crosses the imperceptible line separating it from the real, often to give the mundane a truer, fuller dimension – the logic of dreams, not of Descartes. The corpse lifts the slab above his grave to see if his name has worn away; Thor Heyerdahls of a distant future drift through space on paper kites; by an effort of will, people turn into crocodiles, giraffes and penguins.

Perhaps there are parallels here with the magic realism school of prose-writing. Isabel Allende once said that many of the so-called 'magical' events in her *House of the Spirits* would not have seemed so out of the ordinary to South Americans: for the folk in question, the magic of folk belief is inside reality, not outside it. Kupriyanov's folk reality, however, is not so much one of fairy-tale (at least in the poems translated here) as that of late twentieth-century Europe – angels and aliens rather than witches and spirits:

An angel was reported at thirteen-forty hours
in a locality not normally frequented by angels;
when captured, he offered no resistance . . .

Kupriyanov's poetic universe is of our time. His concerns are for the world as a single, wonderful but vulnerable entity, inseparable from the inner world of the people who inhabit it. He often takes, quite literally, the global view, from a standpoint in outer space, looking down:

In the far-off lexicon of stars
we are still being counted
in the class of interjections

There is an affinity here with our own Martian poets: extraterrestrial beings, observing without comprehension the curious behaviours, rituals and artefacts of the human race, enable the poet to make the familiar strange, to question assumptions which we all too often taken for granted – that it is normal to build weapons capable of devastating the whole planet ('When the earth had melted . . .'), to deny that there is any spiritual dimension to life ('Report on an Angel'), for the agents of government to be everywhere:

There's life on other planets
and visitors might have flown our way
but they weren't allowed in
by the customsmen and frontier guards
posted at the borders
of our solar system

perhaps the customsmen and frontier guards
are keeping them out
in case they smuggle in
their deepest internal secrets

It is in the nature of totalitarian regimes not only to ban the carriers of dissenting opinions, but also to attempt to replace inconvenient realities with officially-approved versions. This never quite succeeds. Instead, it results in two different, uneasily coexisting realities: what the individual sees but is unable to confirm through speech, and what no-one sees but is everywhere declared to exist. Thus there is probably little coincidence that magic realism found such fruitful ground not only in South America, but also in Eastern Europe (Holub, Popa, Kiš . . .) – parts of the world with close experience of official irreality. Just as in Marquez' *100 Years of Solitude*, a massacre can cease to exist because no-one is allowed to admit its existence, so, in Kupriyanov's no-so-unreal world, cowards and fools can have monuments built in their honour (yet still remain unknown), a daubing flatterer can be a great artist, whilst a true-hearted person is followed around by 'business-like men with shovels' with a curious, sinister task:

to bury him in public
and exhume him
in secret.

In his heart
they suspect
gold
dust

As literature written during the senile, bumbling, less predictably vicious aftermath of the great tyrannies of the twentieth century has come more and more to the attention of the Western literary mainstream, a somewhat paradoxical envy has become detectable. If only our poems would sell out, within hours of appearing, to a public thirsty for a word of truth, no matter how veiled! If we had something decent to write about, a few pricks to kick against! This, I suspect, could be termed the cold-bath theory of artistic inspiration – tremendously invigorating, but only as long as it is someone else who is having the experience, not oneself.

Nevertheless, the fact of having to sail very close to the wind of the permissible – of trying to say what must be said whilst not saying so it openly that one's voice is stifled, and thus unheard – has led, in the Eastern European literature of recent decades, to outstanding developments in the art of metaphor and irony. Many of Kupriyanov's poems form part of this tradition. He wrote about his dinosaurs, for example:

fauna fawning
before they know not whom
they rip open their bloated bellies
which their enormous status
enables them to stuff to the brim,
and burst on a grain of sand . . .

whilst they still ruled the earth and their lumbering bodies still had to be dodged.

The joy of the metaphorical image, however, is that it works on several levels at once. When Kupriyanov writes

In cages
the winged sing
of the freedom of flight

Before the cages
the wingless sing
of the justice
of cages

the relationship between artist and censor in the Soviet Union is only one level of allusion – and perhaps not even the main one. He is also writing about human society in general, and even (let us not ignore the obvious just because it is literal) about depriving wild animals of freedom for people's entertainment.

It would be a mistake, in fact, to see Kupriyanov as a political poet, except in so far as one of his most intensely-felt poetic concerns – that every person should be allowed to speak his or her own truth, and to be heard – has been intensified by his own experience as a writer in a totalitarian state. When he pleads for the individual's right to say what he or she has to say in the face of those whose only wish is to stifle ('word, 'tongue' and 'silence' are constant themes in his poetry), he is talking about every person's right to speak the truth, in the face of an equally general tendency for the powerful to ignore or suppress what they do not want to hear. Thus the most overtly 'political' poem in this collection ('Eternal glasnost', which could not have been published before the dinosaurs found that their days were ended) is also one of the most intense statements about the human condition. Stifling outer speech does not stifle communication, for it is through inner speech that we realize the oneness of humankind:

there's no escaping
into yourself
no breaking the shackles of blood
which bind you to the world

there's always something left
to say and hear
to hear and say

the word
in everyone's
blood

Kupriyanov's hatred for those who try to suppress the individual and his or her word of truth is only one facet of an impassioned belief in human values and strivings. In this

Kupriyanov shows himself a true torch-carrier of the Russian poetic tradition (Pushkin, Mayakovsky, Akhmatova, Yevtushenko . . .), one of a lyrical passion which refuses to cut itself off from real-world concerns. And yet Kupriyanov's passion does not seem overblown, even by the standards of contemporary English poetry (where wan observation, contrived metaphor and workaday subject-matter seem to have ousted depth of feeling and vibrancy of language as qualities to be admired). Even his love poems have his typical ethereal delicacy of tone – a lightness which subtly sketches depth of feeling instead of declaiming it or acting as a substitute for it:

How are to find the distance between us
measure it in strides
in go-between figures
flickering souls

How long does a letter take
to travel from me to you
whilst we still stand
breathe side by side

However long closeness may linger
eternity
is separation
the measure of all loves

Inseparable from a love of humankind there is a love of this universe we live in, of its beauty:

The stars glitter like the shards of a ringing crystal glass.
Who will return this sparkling dust to its primal form?
Where did the final echo of its fall condense?
Caught in a glass of wine, does it now wander our blood?

and his fears for its survival:

With a word
they halted the sun
when the fighting was at its height

But we must fight all our lives
to find the words

to halt all fighting
for the sake of life
beneath this obedient sun

But Kupriyanov has more than one voice. At times, such as when writing of alienated experience, his syntax can fragment into a listing of objects and events:

guts splitting
the air fouled
nauseous
stuffed sick on sky
vomiting stars like dross
the contents of flying saucers
guzzled light

In his satirical verse, the tone is wonderfully dry and ironic:

Though he was without
an ounce of talent
the Louts saw to it
he carried a clout:
when the Lout of Louts
needed a portrait
he wasn't renowed
for hanging about.

Kupriyanov, a master of the Russian language, delights in language for its own sake. This presents a challenge to the translator – generally entertaining, sometimes frustrating, but a challenge nevertheless. He is fond of etymological games, for instance; sadly, not all of these games transfer successfully into English, whose mongrel vocabulary means that words close in meaning are often descended from different parent languages (Old English, Latin, Greek, and many more). Thus in Russian the word 'presmykajuščiesja' (пресмыкающиеся) means both 'cringing', 'fawning' and 'reptile', enabling a train of ideas that in English can only be represented by a laboured pun:

the dinosaurs are dying out –
fauna fawning
before they know not whom

One solution, when presented with a poser such as the etymological link between 'graničat' (граничат) and 'ograničennyj' (ограниченный), meaning 'border' and 'bordered, i.e. limited, blinkered' respectively, is to transfer the link to a neighbouring word:

Tell the one who's lost his tongue
where the earth borders with memory:
an earthbound pupil can't live
with nobody to tell him the answers

The reader of Russian will find many a place, in fact, where I have sought to reproduce the message, not the semantics, of Kupriyanov's masterful Russian. Where idiom or a grammatical subtlety only expressible in Russian is concerned, I unapologetically go for an English idiom with similar effects. Thus, in the following lines, I have changed 'neznakomok' (незнакомок – literally: 'of female non-acquaintances') with something rather more romantic:

its ceiling
the cloudy fantasies of beautiful strangers

If rhyme and rhythm are both highly-structured and central to the poem's effect, I transfer the general meaning of the words rather than their precise semantics, which leaves me free to concentrate on sound and mood. The poem 'An Artist's Career' ('Though he was without . . .') quoted above is an example of this approach.

Luckily for the translator, however, though Kupriyanov is fluent in the use of rhyme and rhythm (which has survived much longer in Russian than in the West), he is a firm champion of the cause of free verse. Indeed, besides being a poet and a translator, Vyacheslav Kupriyanov is also a critic and literary essayist of the highest calibre, virulent in his defence of innovative forms, style and subject-matter.

In the end, though, it is his verse which convinces. Accessible yet committed and carefully crafted, it has delighted audiences at Kupriyanov's readings in Britain and round the world. With this volume, a wider English-speaking public will be able to appreciate one of the most vital poetic voices from today's Russia.

Francis R. Jones

Acknowledgements

I would like to give my heartfelt thanks to two people: first and foremost to the late Isakas Kaplanas, but also to Mariana Taimanova, for their help and encouragement with these translations.

The Translator

Francis R. Jones was born in Yorkshire in 1955. He studied Modern Languages at St John's College, Cambridge, Modern Serbo-Croat Poetry at the University of Sarajevo, and Applied Linguistics at the University of Reading. He translates from Russian, Serbo-Croat, Dutch, French and German into English; after several years as a teacher of English in the Netherlands and Greece, he now lectures in English as a Foreign Language at the University of Newcastle upon Tyne.

He has published two collections of the verse of the Yugoslav poet Ivan V. Lalić – *The Works of Love* and *The Passionate Measure* (Anvil, 1981 and 1989) – and has co-translated Vasko Popa's *The Cut* (in *Poetry World I*, 1986); *The Passionate Measure* was awarded the 1991 European Poetry Translation Prize. Works in press are *The Complete Works of Vasko Popa* (Anvil; with the late Anne Pennington), and *Against the Forgetting* (Anvil), a selection of works by the Dutch poet Hans Faverey.

From:

Ot pervovo litsa

(First person)

(1981)

Отдых

У тишины
две лопнувших струны:
последний луч,
обронённый закатом.
и ветер,
переставший быть
крылатым.

Осенние заметы

Листья наскучили ветру
и игра с огнем надоела,
гаснут костры на полянах,
еще раньше погасли осины,
воздух издерган дождями,
скоро капли застынут,
видимым станет дыханье,
небо поднимется выше,
звезды опустятся ниже,
ковш семизвездный
будет клониться,
покуда
нашу, покрытую снегом,
землю не зачерпнет
вместе с нами со всеми,
с нашим внешним и внутренним миром,
о котором сказано все,
но не все
и не всеми
услышано.

Lull

The silence has
two broken strings:
the last sunbeam,
                    dropped in the setting,
and the wind,
                no longer
winged.

Signs of Autumn

The wind is bored with the leaves
and tired of playing with flame,
the camp-fires in the glades burn out
like the aspens before them,
the air is worn out by the rains,
soon the drops will freeze,
breathing will be visible,
the sky will rise up higher,
the stars will settle lower,
the seven-star dipper
will drop
until
it scoops up
our snow-covered earth
and all of us with it,
with our outer and inner worlds,
about which all has been said
but not all
has been heard
by all.

Холмы покрыты золотом берез.
Теперь они совсем как купола
церквей,
где молятся березовым богам
во сне зеленом
божие коровки.

The hills, decked with the gold of birches,
have now, it seems, become
the domes of churches,
where, in green dreams,
ladybirds pray
to birch gods.

From:

Žiznj idët

(Life goes on)

(1982)

Белый халат

Выдайте поэту белый халат –
маскировочный:
с наступлением стужи
он – разведчик,
посланный теплом надежды
за языком
подснежников.

Выдайте поэту белый халат –
он санитар и врач,
редчайший специалист
по выхаживанию души,
единственный,
кто может выправить
переломы
человеческих крыльев.

Не спешите ему сулить
смирительную рубашку.

Выдайте поэту
белый халат:
его труд
требует чистоты.

A white coat

Give the poet a white coat –
a camouflage coat:
as winter advances
he is a scout
sent out by the warmth of hope
to contact undercover
snowdrops.

Give the poet a white coat –
he is a medic, a surgeon,
the rarest of specialists
in healing the soul,
the only one
who can fix
fractured
human wings.

Don't go promising him
a straitjacket.

Give the poet
a white coat:
his work
requires cleanliness.

Творчество

Творящий лирику
в эпоху эпоса

творящий трагедию
в эпоху оды

творящий человека
в эпоху человечества

творящий добро
в эпоху раздобревших

творящий свое
в эпоху освоенного

творящий странное
в эпоху расчисленного

творящий
в эпоху сотворенного

среди дозволенный чудес
вечно творит

недозволенное
чудо

Creativity

Creating a lyric
in the age of the epic

creating a tragedy
in the age of the ode

creating a man
in the age of mankind

creating good
in the age of do-gooders

creating one's own
in the age of ownership

creating the strange
in the age of the calculated

creating
in the age of the created

amid permitted miracles
forever creating –

this prohibited
miracle

Человеческая несправедливость

Две руки
чтобы прокормить
много ртов

и много рук
чтобы заткнуть
один рот

Одно ребро
чтобы сотворить
женщину

и двадцать четыре ребра
чтобы в клетку
упрятать сердце

И тридцать два зуба
готовые прикусить
язык

который бьется
в поисках общего языка
для человечества

вооруженного
до зубов

Human injustice

Two hands
to feed
many mouths

and many hands
to gag
a single mouth

A single rib
to make
a woman

and twenty-four ribs
to cage
a heart

Thirty-two teeth
waiting to bite off
a tongue

struggling to find
a universal tongue
for a humankind

armed
to the teeth

Земное небо

Ветшают старые храмы
отслужив свою службу
пора
сберегать их певчее царство
внутри нас

Тускнеют лики
на древних иконах
да сохранится их свет
на наших нынешних лицах

Размывает время
черты Спаса на фресках –
время
чтобы стали живее и чище
наши собственные черты

Призыв

желтые
черные
белые

кровь у нас у всех
одинаково
красная

хватит
проверять

Heaven on earth

The ancient temples are aging
their services have served their time
the hour has come
to save their hymnal empire
within us

The images are fading
from the age-old icons
may their light be preserved
on our present-day faces

Time erodes
the Saviour's features from the frescoes –
it is time
our own features
became more lifelike and clear

Appeal

yellow
black
white

this blood of all of us
is just
as red

stop
the tests

Лицо

В мое лицо
я вобрал все лица
моих любимых

кто мне скажет
будто я некрасив

Жажда

Детство
колодец вечности

Юность
колодец грядущего

Зрелость
колодец детства

Старость
глоток воды

Face

Into my face
I have taken the faces
of everyone I love

who says
I'm ugly

Thirst

Childhood
well of timelessness

Youth
well of futurity

Maturity
well of childhood

Age
gulp of water

Утро исполнения желаний

Такое прозрачное утро
как будто люди с аквариумами
бегут к морю
чтобы выпустить в море
золотых
рыбок

Накопились желания

Надо только состариться
и забросить
сеть

The morning when wishes come true

Such a transparent morning
as if people with aquariums
were running seawards
to release
golden fish
into the sea

Wishes have gathered

You have only to grow old
and cast
your net

Урок географии

Молчащему подскажите,
где граничат земля и память:
ограниченный ученик
не может жить без подсказки.

Подскажите пути сообщения
между медвежьим углом
и обетованным краем.

Про страну Чудес:
сколько рек пота и крови
впадают в море Блаженства.
Какова численность
потусторонних
вооруженных сил?

Подскажите шепотом: мы
после себя готовы оставить
только белые пятна.

Подскажите вслух: мы
в себе должны открывать
полюса Добра и Надежды.

Подскажите все хором: земля
имеет форму воздушного шара
и держится
на нашем честном слове.

Geography lesson

Tell the one who's lost his tongue
where the earth borders with memory:
an earthbound pupil can't live
with nobody to tell him the answers.

Tell him the roads that link
the back of beyond
with the Promised Land.

Now for the Land of Wonders:
how many rivers of sweat and blood
flow into the Sea of Bliss?
What size are
the armies
of the other world?

Whisper him the answer:
we are only prepared to leave
terrae incognitae behind us.

Tell him out loud:
we need to discover within us
the Poles of Good and Hope.

Tell him all together: the earth
is as round as a balloon
and bound by a thread –
our word.

Урок рисования – 1

Пушкину перед смертью
хотелось морошки
нарисуйте
морошку

Нарисуйте
запретный плод
до которого было
бессмертие

Нарисуйте
яблоко раздора
до которого не было
войн

Нарисуйте
необходимые
плоды просвещения
которых всегда не хватает

но когда они будут
мы будем
жить
своей настоящей жизнью

и умирать
только своей
смертью

Drawing lesson 1

As Pushkin lay dying
he longed for cloudberries
draw
a cloudberry

Draw
the forbidden fruit
before which there was
immortality

Draw
the apple of discord
before which there were
no wars

Draw
the vital
fruits of learning
which are never enough

but once we have them
we will
live
our natural lives

and only die
natural
deaths

Урок рисования – 2

Ребенок не может нарисовать
все море
ребенок не может нарисовать
всю землю
у него не сходятся меридианы
у него пересекаются параллели
он выпускает
на волю неба
земной шар
из координатной сети
у него не выходят
границы
он верит
горы должны быть
не выше надежды
море должно быть
не глубже печали
счастье
должно быть не дальше земли
земля
должна быть
не больше
детского сердца

Drawing lesson 2

A child cannot draw
all the sea
a child cannot draw
all the land
his meridians never converge
his parallels meet
he lets the round earth
slip from its net
of coordinates
and drift up into the sky
his distances
are out of step
frontiers
are beyond him
he believes
mountains should be
no higher than hope
the sea should be
no deeper than sorrow
happiness should be
no further than the earth
the earth
should be
no bigger than
a child's heart

Урок пения

Человек
изобрел клетку
прежде
чем крылья

В клетках
поют крылатые
о свободе
полета

Перед клетками
поют бескрылые
о справедливости
клеток

Метафора

Дни летят

Ночи –
кладовые
где сложены
их крылья

Singing lesson

Man
invented the cage
before
inventing wings

In cages
the winged sing
of the freedom
of flight

Before the cages
the wingless sing
of the justice
of cages

Metaphor

The days fly past

The nights
are attics
where they store
their wings

Игра в жмурки

Все холоднее смерть
от холодного оружия
все горячее
от огнестрельного

Играют люди
как дети
со смертью
с завязанными глазами

Они кричат ей
холодно
горячо

Как будто так важно
в какую из сторон ада
уходит
тепло жизни

Сумерки тщеславия

Каждую ночь
мертвец
приподнимает гробовую плиту
и проверяет на ошупь:

не стерлось ли
имя на камне?

Blind man's buff

Colder and colder the death
from cold steel
hotter and hotter
from firearms

People play
with death
like children
blindfold

Colder
hotter
they bawl at her

As if it mattered
what end of hell
life's heat
leaves for

Twilight of vanity

Every night
the dead man
lifts the slab
to feel with his fingers

whether the name on the stone
has worn away

Век бумажных змеев

В век авианосцев
и подводных лодок
медленно
через океан плывут
«Кон-Тики» и «Ра».
Они доказывают,
что наши темные предки
переселялись
с далекого материка
через бездонное море
на материк
на легких плотах и лодках.

В век звездолетов
медленно
полетят в небеса
на бумажных змеях,
склеенных из старых стихов,
написанных на странных языках,
те полетят, кто докажет,
что мы,
их светлые предки,
переселялись
через бездонное иебо
с далекой звезды
на звезду
на бумажных змеях

The age of paper kites

In the age of aircraft-carriers
and submarines
slowly
over the ocean
sail Kon-Tiki and Ra.
They prove that
our benighted forefathers
migrated
across the fathomless sea
from far-off continent
to continent
on flimsy rafts and boats.

In the age of starships
slowly
through the skies,
on paper kites
pasted together from old poems
written in strange tongues,
people will fly to prove
that we,
their enlightened forefathers,
migrated
across the fathomless sky
from far-off star
to star
on paper kites.

Приглашение

Вы приглашаетесь
на открытие памятника
неизвестному
трусу.

Памятник выполнен скромно: голый
пьедестал. Сам трус
может смело скрываться
среди приглашенных,
не опасаясь
открытия.

Вы услышите много неизвестного:
поскольку неизвестно,
чего трус боялся,
говорить будут только
о неизвестном.

В речах будет подчеркнуто,
что благодаря трусости
неизвестного
известным
вовсе нечего было бояться.

Вы приглашаетесь на открытие
памятника
неизвестному
трусу.

Попробуите
не прийти!

Invitation

You are hereby invited
to the unveiling of a monument
to the Unknown
Coward.

The monument's design is unpretentious: a bare
plinth. The Coward himself
can hide with confidence
amongst the guests
without fear
of being discovered.

You will hear many unknown things:
as it is unknown
what the Coward had to fear,
only the unknown
will be spoken of.

The speeches will stress that,
thanks to the cowardice of one who was unknown,
the known
could live free from fear.

You are hereby invited to the unveiling
of a monument
to the Unknown
Coward.

Attend
or else!

Эволюция

Становясь гигантами, вымирают
пресмыкающиеся:
пресмыкаясь
уже неведомо перед кем,
они распарывают свое огромное брюхо,
которое благодаря величию
набивают до отказа, так
что оно лопается от любой песчинки.
Или
вымирают от страха
не видя, кого еще им бояться,
они начинают подозревать
в злонамеренности
собственную легковесную голову,
слишком удаленную
от распластанного тела,
собственное холодное сердце,
слишком глубоко спрятанное
под шкурой,
собственный хвост,
который не то отстает
от основной массы,
не то коварно преследует
основную массу.

Те, чей рост
устремился в крылья,
долетели до нас птицами
и заронили в нас
мечту о полете
ввысь.

Evolution

Now they have grown into giants
the dinosaurs are a dying race –
a fauna fawning
before they know not whom,
they rip open their bloated bellies
which their enormous status
enables them to stuff to the brim,
and burst on a grain of sand.
Or
they are dying of fright:
seeing no-one left to fear
they are starting to suspect
of evil intent
their own lightweight heads,
too far away
from their sagging bodies,
to suspect their own cold hearts
hidden too deep
beneath their hides,
to suspect their own tails,
which either lag behind
the lumbering masses
or craftily pursue
the lumbering masses.

Those whose growth
was guided into wings
flew towards us as birds,
sparking within us
a fantasy of flight
skywards.

Золотой человек

К нему
доброжелательней стали
знакомые,
незнакомые
пожелали знакомства.

Днем и ночью
шастают возле него
деловитые люди с лопатами
и глядят на него
с укоризной.

Деловитым людям с лопатами
предстоит
двойная работа:
публично его зарыть
и тайно
сызнова
вырыть.

В сердце его
подозревают
золотые
россыпи.

Несовременный человек

Живем – дышим
день прошел
слава богу

говорит на дворе
старуха старухе

Я затаиваю
дыхание

Golden-hearted man

His acquaintances
wished him well.
The unacquainted
wished to make
his acquaintance.

Day and night
businesslike men with shovels
tramp past him
and stare at him
accusingly.

The businesslike men with shovels
have a twofold
task:
to bury him
in public
and exhume him
in secret.

In his heart
they suspect
gold
dust.

Living in the past

We're alive and breathing
a day has gone by
thank the Lord

says an old woman to an old woman
out in the yard

I hold
my breath

Золотая осень

Видно, слишком много слов
бросали на ветер –
так ветер пронзителен.

Видно, слишком часто
попадали пальцем в небо –
так небо туманно.

Видно, слишком у многих
горит земля под ногами –
так листья пылают.

Видно, слишком много воды
утекло с тех пор,
как мы общий язык не находим, –
так хочет вода застыть.

Сколько еще надо талантов
чтобы опять
наступила весна?

Golden autumn

Too many words, it seems,
have been cast to the winds:
the wind is so sharp.

Too many times, it seems,
have our heads been in the clouds:
the sky is so grey.

Too many of us, it seems,
have been through fire:
the leaves are ablaze.

Too much water, it seems,
has passed under the bridge
since we lost our common tongue:
the water wants to freeze so still.

How many more talents
must we bury in the ever-chillier earth
for spring
to come again?

Отчет об ангеле

Ангел был обнаружен в тринадцать сорок
в районе, где обычно ангелы не обитают,
при поимке не оказал сопротивления,
такая халатность для ангела
считается невозможной.
Крылья ангела достигали в размахе
два метра девяносто восемь сантиметров,
при весе семьдесят два килограмма
летать на таких крыльях,
с точки зрения аэродинамики, невозможно.
Белая ткань обмундирования ангела
искусственного происхождения и негерметична,
отсюда пребывание ангела в космосе
представляется проблематичным.
С представителями гуманитарных наук ангел
говорить наотрез отказался,
отсюда его речь признана нечленораздельной
и непригодной для возвещения господней воли.
Бумаг при обыске ангела не обнаружено,
то есть ангел не является гражданином.
При свете и при искусственном освещении
сияние от ангела не исходило,
что было заметно невооруженному глазу
и бросало тень на воображение живописцев.
Вышеизложенное говорит о факте, что
ангелы для науки не представляют интереса,
а также в целях антирелигиозной пропаганды
содержать его признано нецелесообразным,
после чего вышеупомянутый был отпущен
и растаял в небе в шестнадцать тридцать.

Report on an angel

An angel was reported at thirteen-forty hours
in a locality not normally frequented by angels;
when captured, he offered no resistance:
such apathy on the part of an angel
is considered out of the question.
The angel's wingspan measured no less than
two metres ninety-eight centimetres;
with a weight of seventy-two kilograms,
flight with such wings is, according
to the laws of aerodynamics, impossible.
The white fabric of the angel's uniform
was snythetic in origin and non-hermetic,
presenting certain objections
to the angel's residence in space.
The angel categorically refused to speak
with representatives from the humanities,
as a result of which his speech was deemed non-articulate
and unfit for the communication of the divine will.
A search of the angel failed to reveal an identity card:
in other words, he had no proof of citizenship.
In natural and artificial light
the angel failed to produce a halo;
this was apparent to the naked eye, thus casting
a shadow on the imaginings of prominent painters.
The above data having ruled out the possibility
of the angel being of any interest to science,
and his further detention being held inexpedient
for the purposes of anti-religious propaganda,
the above-mentioned was duly released, whereupon
he melted into the sky at sixteen-thirty hours.

Относительность

Что бы я ни пережил
мне еще остается такое
чего
я не переживу

Что бы я ни терял
мне всегда остается
то
чего никогда не найти

В вечном поиске
в вечной тревоге
какие еще пространства
я не преодолею
за время
которого у меня нет

Relativity

Whatever I live through
I will still be left
with what
I will not live through

Whatever I lose
I will always be left
with what
will never be found

In endless questing
in endless disquiet
what spaces still
will I not overcome
in the time
I do not have

В чужом городе

Если моим именем назовут улицу
я бы ничего не имел против
пусть у нее будут мои привычки
забредать поздно в глухие переулки
только одно бы меня смущало
что на этой улице
будут жить
глухие люди

Если моим именем назовут человека
я бы ничего не имел против
пусть у него будут мои надежды
в каждом встречном узнавать друга
только одно бы меня смущало
что у человека
будет собака

Если моим именем назовут собаку
я бы ничего не имел против
пусть у нее будут мои глаза
где встречаются люди и переулки
только одно бы меня смущало
что у собаки
будет хозяин

In a strange town

If they were to name a street after me
I wouldn't object
may it have my habit
of wandering late into blind alleys
just one thing would upset me
that in this street
would live
blind men

If they were to name a man after me
I wouldn't object
may he have my hope
of seeing a friend in every passer-by
just one thing would upset me
that this man
would have a dog

If they were to name a dog after me
I wouldn't object
may it have my eyes
where men and blind alleys meet
just one thing would upset me
that this dog
would have a master

Эрнст Барлах – изваяние летящего ангела

Трагически необтекаем
все ветры века
проходят сквозь его лицо

Ангел в военной шинели
Ангел в больничном халате

Необходимы цепи
чтобы он не рухнул
на землю

Необходимы своды храма
чтобы он не взлетел

Гюстров, 1972

Толкование неба

Земля – одно из толкований неба
заметка на полях Вселенной
утверждение
что небо может быть обжитым
что его жители видят разные звезды
ибо у них есть почва
для разных точек зрения
но есть и благоприятная атмосфера
в которой можно столковаться
так я полагаю
один из людей
из которых каждый
одно из толкований
Земли

Ernst Barlach –
Sculpture of the flying angel

Tragically unstreamlined
every wind of the century
passes through his face

Angel in a greatcoat
Angel in a hospital gown

Chains needed
to stop him falling
to earth

A church vault needed
to stop him flying away

(Güstrow, 1972)

An interpretation of the sky

The Earth is one interpretation of the sky
a note in the margins of the Universe
an assertion
that the sky could be homely
that its dwellers see different stars
for they have grounds
for different points of view
but also conditions
conducive to agreement
that's how I see it
being one of the people
each of whom
is one interpretation
of the Earth

Гадание

Учусь предсказывать участь звезд по людям
по их согласиям искренностям утайкам
подхожу к тем отхожу от этих прохожу мимо
стремлюсь вернуться не опоздать поверить
днем гляжу в глаза всем гадаю
чьи губы изменят выходом
стойкую судьбу неба
ночью гляжу в очи любимой читаю
что новым днем в них будет
откровений больше
от приземлившихся
небесных источников света

Мольба

Ландыш лодочник
дай мне лодку
которую выдолбил дятел из дуба
я поплыву на ней
по ручью по реке по морю
по свету по темноте
потому что так тихо тихо
ничего
ничего мне
не кукует кукушка

Divination

Studying how to cast the fortune of stars by people
by their agreements sincerities concealments
nearing some leaving others steering past
striving to get back not be late believe
gazing by day into all eyes I foretell
whose lips will alter by their breath
the inexorable fate of the sky
gazing by night into my lover's eyes I read
that with the new day they will contain
more revelations
from the earthfallen
heavenly sources of light

Prayer

May-lily ferryman
lend me your wherry
of woodpecker-whittled oak
I will steer it
through stream river sea
through light through night
since there is such silence silence
nothing
nothing will the
cuckoo cuckoo me

Близость

Как найти расстояние между нами
измерить шагами
фигурами идущими между нами
колышущимися душами

Сколько идет письмо
от меня к тебе
пока мы стоим
дышим рядом

Сколько бы ни длилась близость
вечность –
это разлука
мера всех любей

Я жду твоего слова
и не знаю с какого краю
встать ли мне ближе к сердцу
или дать сердцу больше простору
тебя заслонить от ветра
или отдать ветру
и его порыв
перепутать с твоим порывом

И как быть перед лицом солнца –
как удержать наши тени
которые ночь сольет
воедино
с кем бы нас
ни застала

Closeness

How are we to find the distance between us
measure it in strides
in go-between figures
flickering souls

How long does a letter travel
from me to you
whilst we still stand
breathe side by side

However long closeness might linger
eternity
is separation
the measure of all loves

I am waiting for your words
not knowing from what land
should I step nearer my heart
or give my heart more space
shelter you from the wind
or give you to the wind
and ravel its flights
with yours

And how must we be beneath the sun
how can we hold back our shadows
which the night will mingle
as one
with whoever
might come our way

Открытия

Ночь снимает с земли
зыбкую кожуру
света

День разбивает
тонкую скорлупу
тьмы

Кто улучает эти минуты
чтобы увидеть
землю без оболочки
незащищенное небо?

Так прорастают
запавшие в чуткую душу
зерна мгновенных прозрений

о прожитом дне
о пережитой ночи

Disclosures

Nights peels from the earth
the wavering rind
of light

Day breaks
the thin shell
of darkness

Who grasps these minutes
for a glimpse
of an earth without its wrappings
of an unsheltered sky?

So
dropping into a sensitive spirit
sprout the seeds
of a brief gift of sight

into day lived out
into night survived

На языке всех

1

Этот язык
сух
как порох

Он пересыхает от духовной жажды
Как он поворачивается
Его не сдержать за зубами
Словом он может перерезать горло

Только подняв перед ним руки
можно заткнуть ему глотку

Но он дает вам честное слово
он бьется над правдой
бьется
он уже не язык
он сердце

2

На языке всех
мы – вы
я – ты
мы безъязыким
даем
дар
речи

In anyone's tongue

1

This is a tongue
dry
as gunpowder

It's parched with a spiritual thirst
Watch it squirm
Your teeth can't hold it back
It would slit your throat with a word

You'll only get its gob to shut
by putting your hands up before it

But it gives you its word
it'll beat its way to the truth
it's beating
it's not a tongue now
it's a heart

2

In anyone's tongue
us – them
me – thee
we give
the tongueless
the gift
of speech

3

кто нарек   кто дал вам   кто назвал
камнями   имена   травами
камни   люди   травы

изумруд   мальчик   чертополох
сердолик   юноша   нарцисс
кремень   муж   горицвет
мрамор   старец   болиголов

4

разве с вами   не вы ли   кто из вас
не связана   навеяли   не в родстве
ясность   верность   с любовью

соль   мать   лебеда
смола   подруга   полынь
слезы   невеста   мята

5

в ароматном цветном словаре растений
есть много имен
для нас

лекарь   срывающий   изучающий
косарь   наступающий   берегущий
влюбленный   ищущий   дарящий

в целом мире не понимающий ничего

3

who called	who gave	who named
stones	men	herbs
stones	names	herbs
emerald	baby	thistle
carnelian	boy	daffodil
flint	young man	campion
marble	old man	hemlock

4

surely you can	have you never	who can be no
lay claim to	awakened	relation of
clarity	faith	love
salt	mother	netchweed
resin	sweetheart	wormwood
tears	bride	mint

5

in the flowering aromatic dictionary of plants
there are many names
for us

healer	plucking	studying
reaper	crushing	guarding
lover	seeking	giving

found world-wide understanding nothing

6

Смола
вечность
на языке деревьев

Деревья
минуты
на языке смолы

Мы
секунды
с секирами
острых вопросов

у подножья
всеведающих
минут

7

На языке подорожников
мы
коренные дорожане
наш путь во вселенной
кровав и далек

за такие слова
подорожникам
вырывают
правдивый
язык

6

Resin
is eternity
in the tongue of trees

Trees
are minutes
in the tongue of resin

We
are seconds
with the axes
of cutting questions

at the feet
of omniscient
minutes

7

In the tongue of waybread
we
are born wayfarers
our way through the world
is bloody and far

for such words
the tear out
the waybread's
honest
tongue

8

На языке облаков
мы
корни
прорастающей сквозь них
мечты

каждый плод наших рук
это плод
сорванный нашими руками
с древа
заоблачных грез

9

На языке снов
мы
лабиринт
наших собственных переживаний
где стены
туманные опасения близких
подножие
зыбкие посулы знакомых
потолок
заоблачные мечты незнакомок
о нас
о нас

10

На раздвоенном языке змей
мы мудры
но мы
голуби

8

In the tongue of clouds
we
are the roots
of a daydream
sprouting through them

each fruit of our hands
is a fruit
plucked by our hands
from the tree of fantasies
beyond the clouds

9

In the tongue of dreams
we
are the labyrinth
of our own emotions
its walls
the misty fears of those close to us
its floor
the flimsy promises of acquaintances
its ceiling
the cloudy fantasies of beautiful strangers
about us
about us

10

In the forked tongue of serpents
we are wise
but we
are doves

11

На языке огня
мы
еретики
не желающие уверовать
в кричащие косноязычие
собственного
пепла

12

На честном наречии птиц
мы
заглавия глав
где говорится
о синице в руки
и журавле в небе
о том чего не клюют куры
о кукушкиных слезках
о черных воронах
красных петухах
синих птицах
об аистах лебедях голубках
о соловье без песни
о птице
для полета

13

На языке волков
мы
люди друг другу

11

In the tongue of fire
we
are heretics
not wanting to believe
in the tongue-tied scream
of our own
ashes

12

In the decent dialect of birds
we
are headlines
telling
of a bird in the hand
and two birds in the bush
of hen-pecking
of ragged robin
of black crows
red cocks
blue birds
of storks swans doves
of a nightingale without a song
of a bird
born for flight

13

In the tongue of wolves
we
are men to each other

14

На волглом языке воды
мы самые поверхностные из рыб
мы плеск
такой же как от камней
мы облик
зыбкий как облако
мы плоть
мы тепло
мы жажда

15

В далеком лексиконе звезд
мы пока еще числимся
в разряде
междометий

16

На небесном языке пространства
мы
щупальца земли
ощупываем сами себя
привязываемся друг к другу
прежде чем
потянуться
к звездам

14

In the wet tongue of water
we are the uppermost of fish
we are a splash
as if of a stone
we are a form
fickle as a cloud
we are flesh
we are warmth
we are thirst

15

In the far-off lexicon of stars
we are still being counted
in the class
of interjections

16

In the heavenly tongue of space
we
are the feelers of earth
we feel ourselves
we twine with each other
before
we stretch up
towards the stars

17

На языке времени
мы
слова языка
единственного
который
заставляет само время
оборачиваться
останавливаться
и откликаться

18

На родном языке
как на крыльях
мы
в любых временах
и пространствах
летим
навстречу
друг
другу

19

Мы
соль
на языке
Земли

17

In the tongue of time
we
are words
of a single tongue
which makes time itself
turn
stop
and reply

18

With our mother tongue
as if with wings
at any time
and space
we
fly
towards
each
other

19

We
are salt
on the tongue
of Earth

From:

Domašnie zadanija

(Homework)

(1986)

Когда земля расплавилась и стала маленькой
выжившие
стали бороться за передел поредевшего мира
кто-то сгреб и сложил в чулан египетские пирамиды
в надежде дождаться туристов с марса
кто-то втащил на седьмой этаж австралию
и стал обыскивать карманы сумчатых
в поисках монет затонувшей атлантиды
кто-то прибрал к рукам гималаи
и стал считать себя покорителем эвереста
возникла дворовая драка
из-за каких-то соленых озер
нужна была соль для золотого яичка
но вся эта идиллия
была прервана
так как игравшие в войну дети
нашли в черном саду неразорвавшуюся чистую бомбу
и приняли ее за елочную игрушку
поскольку никогда не видели елок

труистам с марса
пришлось повернуть обратно

Словом
останавливали солнце
на время битвы.

А нам всю нашу жизнь биться
в поисках слова,

которое остановит все битвы
ради жизни
под этим послушным солнцем.

When the earth had melted and grown much smaller
the survivors started wrangling
about how to carve up a sparser world
someone stashed the pyramids of egypt away in a cupboard
pending the hoped-for arrival of tourists from mars
someone hauled australia up to the seventh floor
and started searching marsupials' pouches
for cash from drowned atlantis
someone seized the himalayas
declaring himself the conqueror of everest
the servants started squabbling
over a few salt lakes
they needed salt for a golden egg
but this idyll
was broken
when children playing at war
found in a dark garden a fresh unexploded bomb
and took it to be a christmas toy
for they had never seen a christmas tree

the tourists from mars
have had to go back home again

With a word
they halted the sun
when the fighting was at its height

But we must fight all our lives
to find the words

to halt all fighting
for the sake of life
beneath this obedient sun

Ветер верно ведет
по былинке былинкой, но скрипку
выдумали
не травы.

Вечерний пруд отражает
Млечный Путь, но стоит
ступить на него –
он исчезнет, и ты
исчезнешь. Корабль и парус
выдумали
не воды.

Вода
не течет под лежачий камень, но камень
летящий, ударяясь о камень лежачий,
высекает огонь. Но свечу и лампу
выдумали не камни.

К человеческому огню
идешь Млечным Путем
под земной звон
травяной скрипки. Но кто
выдумает путь
короче?

The wind
infallibly guides
blade over blade, but no grass
ever invented
a violin.

The evening lake reflects
the Milky Way, but just
step onto it –
it will vanish, and you
will vanish. No waters
ever invented
ship or sail.

No water
flows beneath a lying stone, but a
rolling stone, striking the lying,
strikes fire. But no stones
ever invented candle or lamp.

You walk the Milky Way
towards a human fire
to the earthly drone
of a grassy violin. But who
will invent
a shorter way?

Время
меряет нами
себя.
Испытывает на нас
возможности
медлить
и торопиться,
делаться незаметным (тогда
мы, кажется, счастливы) или
слишком заметным (тогда
мы его убиваем,
подобно песочным часам,
которые, разбиваясь,
уже не считают
время. А время
берет новый сосуд,
наполненный подвижным смыслом,
и ставит его
на страже
своего непреходящего
любопытства).

Time
measures itself
by us.
On us it tests
the skills
of crawling
and flying,
of escaping notice (then
we are said to be happy) or
of attracting too much attention (then
we kill it,
like an hour-glass
which, once broken,
no longer tells
time. But time
takes a new vessel,
filled with a shifting sense,
and sets it
on guard
over its permanent
curiosity.)

Зов

По воздуху
по воде
и по земле стремиться,
от серебра рассвета
через закатную медь,
но в этом полете –
лица,
самые разные лица,
хочется –
                все
увидеть,
хочется –
                все
рассмотреть,
Невидимые с самолета,
расплывчатые из автомобиля
выхваченные из дымки
светом ночных поездов –
лица
с прекрасной думой –
только бы уловили!
только бы угадали
единственный
в мире
зов!

Cry

To speed through the air
over the water
across the earth
from daybreak's silver
through sunset's copper
but in its flight
faces
faces as different
as can be
            it longs
to see them all
                  it longs
to look
into every one
invisible from the aeroplane
blurred through car windows
snatched from the mists
by the light of night trains
faces
with one radiant thought
if only they could grasp it
if only they could guess
the only
cry
in the world

Как стать жирафом

Выверни совесть свою
наизнанку
и оденься в нее как в шкуру.
Видишь пятна?
Не видишь?
Вытяни шею и погляди с высоты,
оттуда виднее.
Видишь? Не видишь?
Еще вытяни шею.
Когда она достигнет необходимой длины
ты сам достигнешь необходимой высоты,
с которой
увидишь то,
что скрываешь сам от себя.
Краска стыда
придает тебе необходимый цвет.

How to become a giraffe

Turn your conscience
inside out
and slip it on like a skin.
Can you see the stains?
You can't?
Stick your neck out and look down:
things seem clearer from up there.
Can you see the stains?
You can't?
Stretch your neck a bit further.
Once it reaches the required length
you will have reached the required height
for you to see
what you keep hidden
even from yourself.
The red of shame
will add the required colour.

Как стать крокодилом

Как только почувствуешь,
что кому-то противен
как жаба,
подумай о своей натуральной величине,
вытянись
и ложись на брюхо.
Тепер остается
позеленеть от злости
и разинуть пасть.
Как только увидишь,
что все начинают в панике разбегаться,
считай,
что достиг своего.

Как стать дикобразом

Вспомни,
что ты еще человек,
и подумай,
как часто не был ты
человеком,
как часто люди
вели себя не как люди,
представь себе,
на что еще человек способен –
и, как только
у тебя встанут волосы дыбом,
считай себя дикобразом
и сразу
просись в Красную книгу.

How to become a crocodile

As soon as you sense
that someone sees you
as a despicable toad,
consider your natural size,
stretch yourself out
and crawl on your belly.
Now all you need
is to go green with spite
and open your jaws nice and wide.
As soon as you see
people scattering in panic
you'll know
you've made it.

How to become a porcupine

Remember
you are still a man,
and think
how often you have behaved
like a beast,
how often men
have acted bestially,
imagine
what else men are capable of –
and once your hair
is standing on end,
consider yourself a porcupine
and apply double-quick
for a place in the Red Book.

Как стать человеком

Перестань
трястить
за свою
шкуру!
Перестань
здирать шкуру
с других.
Пусть другие
перед тобой
не трясутся.
А тепер повтори сам себе:
Перестань
трястись
за свою шкуру!
Перестань
здирать шкуру
с других! –
А тепер попробуй стать человеком.
Но для начала еще –
побывай
во всех
шкурах!

How to become a man

Stop
crawling
to save
your hide.
Stop
trying
to fleece others.
Don't let others
crawl
before you.
Tell yourself one more time:
stop crawling
to save
your hide.
Stop
trying
to fleece others.
Now try to become a man.
For a start,
try putting yourself
in someone else's
skin.

Кричащая несправедливость

Кто-то кричит
чтобы его услышали
среди крика

Один кричат
чтобы он
замолчал
Другие кричат
что им
ничего не слышно

Он кричит
из страха
перед тишиной

Карьера художника

Был бездареи,
но Верзилы
выдвигали
что есть силы:
он Верзилу
из Верзил
раньше всех
изобразил.

Screaming injustice

Someone is screaming
to be heard
above the screaming

Some are screaming
at him
to be quiet
Others are screaming
that they can't
hear a thing

He is screaming
in fear
of silence.

An artist's career

Though he was without
an ounce of talent
the Louts saw to it
he carried a clout:
when the Lout of Louts
needed a portrait
he wasn't renowned
for hanging about.

From:
Echo
(1988)

Глубже в лес

В стволах, облаках и травах
гулкий лес замурован.
Он полон событий странных
и делает вид, что суров он.
Там проповедует ветер,
что в нем заключен гений
березовых междометий,
сосновых местометний.
Там ночью, сливаясь с тенью
и к взрыву готовя завязь,
до звезд достают растенья
и плачут смолой, облажигаясь.
Утром туман награнет,
и, чтобы не заблудиться,
сигналить станут в тумане
росой умытые птицы.
И птичьему следуя зову,
упругий воздух колебля,
из леса уже другого
рухнет солнце на стебли.
Как здесь листья завидуют хвое!
О осенней зависти вспушки!
По ним, объятым травою,
бредут усталые шишки.

Эхо

Звезды блещут осколками звонкой чаши кристальной.
Кто лучистую пыль в прежнюю форму вернет?
Где застыло последнее эхо паденья?
Бродит ли в нашей крови бывшее в чаше вино?

Deeper in the forest

The sounding woods are walled
With treetrunks, clouds and herbs.
They are filled with strange events
And a feigned severity.
Here the wind preaches
How it holds the key to genius:
The interjections of birches,
The pronouns of firs.
Here, by night, merged with the shadows,
Their ovaries poised to explode,
Plants stretch starwards
And, scorched, weep resin.
The morning mist comes unawares,
And in order to keep on course
Dew-washed birds
Send signals through the mist.
Following the trail of birdsong,
The sun has shaken the elastic air
And is already falling from another forest
Onto the treetrunks.
How jealous are leaves of needles now!
What caprices of autumnal envy!
Tired cones yammer after them,
Lost to the embrace of grass.

Echo

The stars glitter like the shards of a ringing crystal glass.
  Who will return this sparkling dust to its primal form?
Where did the final echo of its fall condense?
  Caught in a glass of wine, does it now wander our blood?

Беззубые
спешат прошепелявить правду
которая застряла в горле

Вранье
на зубах навязло
и выпало вместе с зубами

Слушайте
речь беззубых

и переведите
на язык
зубастых

The toothless
are rushing to splutter the truth
stuck in their gullets

Bunkum
was bound to their teeth
and fell out teeth and all

Listen
to the speech of the toothless

translate it
into the language
of the toothed

Памятник неизвестному дураку

Известно
что многие из нас
воздвигают памятник
неизвестному
дураку

Известно
что дурак заслуживает
памятника
только при жизни

Ведь на смену
уже известному дураку
приходит неизвестный
и он не потерпит
памяти по уже известному

Ведь известный
только бросает тень
на то ясное настоящее
в которое многие из нас
воздвигают памятник
неизвестному
дураку

The monument to the unknown fool

It has become known
that many of us
are building a monument
to the unknown
fool

It is known
that a fool only deserves
a monument
during his lifetime

For the fool we know
will soon be relieved
by an unknown fool
who will not suffer the memory
of one who is known

For the fool we know
can only cast his shadow
on this radiant today
where many of us
are building a monument
to the unknown
fool

Вот бесконечный смысл незаметной работы:
стол
начинает шелестеть листвой
перо
снова врастает в крыло –
дерево
перед любым окном
птица
в любом небе –
вечное благовещение жизни:
слово
становящееся
плотью

Оглядывайся
назад.
Иначе
ты никогда не увидишь
того,
кто дышит пылью
твоих шагов,
того,
кто идет быстрее тебя
твоей же дорогой,
того,
кто, подобно тебе,
смотрит только вперед
(пока еще сквозь тебя),
а назад
сквозь себя
тоже
не хочет
смотреть.

This is the infinite meaning of unseen toil:
a table
rustles into leaf
a quill
grows back into a wing –
a tree
through any window
a bird
in any sky –
the eternal annunciation of life:
the word
made
flesh

Keep looking
back.
If not,
you will never see
the one who is
breathing the dust
of your footsteps,
the one who is
walking faster than you
along this road of yours,
the one who,
just like you,
is only looking ahead
(through you as yet),
and is equally
unwilling
to look back
through
himself.

Вечная гласность

не хочу ничего видеть
не хочу ничего слышать
ничего не скажу

закусываю губы
чувствую вкус
крови

закрываю глаза
вижу цвет
крови

затыкаю уши
слышу
шум крови

невозможно
уйти в себя
разорвать с миром
кровные узы

остается вечно
говорить и слушать
слушать и говорить

слово
у всех
в крови

Eternal glasnost

I don't want to see a thing
I don't want to hear a thing
I won't speak a word

I bite my lips
I feel the taste
of blood

I hide my eyes
I see the colour
of blood

I close my ears
I hear the roar
of blood

there's no escaping
into yourself
no breaking the shackles of blood
which bind you to the world

there's always something left
to say and hear
to hear and say

the word
in everyone's
blood

Китайский мотив

не вписываюсь
в рамки
безмятежных
пейзажей

ветер
сдувает с гор

гону
в морях и реках

хватаюсь за кисть
и таю
в небе

Chinese motif

I do not sign my name
within the frame
of tranquil
landscapes

a wind
blows from the mountains

I sink
into rivers and seas

I take myself by the brush
and fade
into the sky

ужасны макеты человека
болванки голов для напяливания шляп
торсы для пиджаков
муляжи мышечной
нервной системы
надувные подруги
мишени
скелеты
бюсты
борцовские чучела
куклы огромных размеров
застывшие памятники энергичным деятелям
любое
подобие человека
говорит о бойне
болезни
смерти
говорит только о том
что у человека
не может быть
никаких подобий

Как стать пингвином

Ты не летаешь
и не поешь,
зато любишь
гордо ходить
толпой или строем.
Вот толпа,
вот и ты
тут как тут.
Все идут
без песни
и без мечты о полете.
Ну, ты пошел?
Вот,
ты уже и пингвин.

hideous mock-ups of men
wooden heads for stretching hats
chests for blazers
plaster casts of muscles
nervous systems
inflatable girlfriends
targets
skeletons
breasts
stuffed wrestlers
hulking dolls
ossified memorials to men of action
any old imitation
of a man
talking of slaughter
sickness
death
talking only
of what brooks
no imitation
in man

How to become a penguin

You cannot fly,
you have no song
and so you love
to strut with pride
in formation or in a crowd.
Here's your crowd
and here's you,
here, there.
Everyone marching
without a song
or a dream of flight.
So off you go?
Look,
you're a penguin too.

Кем вырастет камень?
Надгробьем?
Пьедесталом?
Снарядом?

Благородней всего
научиться огонь высекать
или стать жерновом
молоть муку
для добрых людей.

Без любви
такой судьбы не добиться –
для благих дел
даже камней
должно быть
двое.

Смех

Я смеюсь
над собой
потому что слышу
как смеются
над нами

Над нами смеются
потому что видят
над чем
мы смеемся

Печальнее всех
тот кто хочет
смеяться последним

Смешно
ждать
так долго

What will become of a rock?
A gravestone?
A pedestal?
A missile?

The noblest aim
is to learn to chisel fire
or to become a millstone
to grind down pain
for the good at heart.

Were it not for love
such services would be unsought –
to do what is right
even in stone
you always
need two.

Laughter

I laugh at myself
because I can hear them
laughing
at us.

They laugh at us
because they can see
what we
are laughing at.

But the saddest of all
is he who wants
to laugh
last.

It's laughable
to have to wait that long

Uncollected poems

Небесная тошнота

вот и жили не хлебом единым
глотали глотали небо
исписанное потолками
разрисованное кумирами
населенное вампирами в торжественных мундирах
небо в линейку для лозунгов
небо в клетку
надменное небо верхоглядов
нутро распирает
испорчен воздух
тошно
мутит небом
ошметками извергаются звезды
содержимое летающих тарелок
съеденный свет

изнанка вселенной
разъедает нежную землю

Heavenly nausea

they haven't been living by bread alone
they've gobbled up gobbled up the sky
sky all painted with ceilings
sky all scribbled with idols
peopled with vampires in ceremonial garb
sky covered in lines for slogans
sky criss-cross like a cage
arrogant sky of the empty-headed
guts splitting
the air fouled
nauseous
stuffed sick on sky
vomiting stars like dross
the contents of flying saucers
guzzled light

the dark side of the universe
is eating away this tender earth

есть жизнь и на других планетах
и к нам могли бы прилететь пришельцы
просто их к нам не пускают
таможенники и пограничники
работающие в пределах
нашей солнечной системы

возможно что их не пускают
их таможенники и пограничники
чтобы они не вывезли свои
внутренние тайны
и чтобы они не остались у нас
не потому что у нас лучше
а потому что мы их можем не выпустить

но прежде всего их не впускают
наши таможенники и пограничники
и вовсе не так уж важно
почему они их не впускают
а важно и значительно то
что даже на границе солнечной системы

и там
наши

Слепые

Слепые Брейгеля
падают друг за другом в яму
Слепые Брежнева
чтобы не упасть
стоят на месте
вцепившись друг в друга
Слепые Ленина
стоят в очереди
чтобы его увидеть

There's life on other planets
and visitors might have flown our way
but they weren't allowed in
by the customsmen and frontier guards
posted at the borders
of our solar system

perhaps the customsmen and frontier guards
are keeping them out
in case they smuggle in
their deepest internal secrets
and in case they stay with us
not because it's better down here
but because we mightn't let them go

but first and foremost
our customsmen and frontier guards won't let them in
and why they won't let them in
doesn't even matter that much
what really matters is
that out on the borders of the solar system

they've even got
our people there

Blind

Breughel's blind
    tumble after each other into the pit
Brezhnev's blind
    stop themselves toppling
    by standing still
    and clutching at each other
Stalin's blind
    dig each other the pit
Lenin's blind
    stand in line
    to see him

Бумажная ложь
желтеет
от времени

Стволы
дубинки
решетки тюремные
выжигают на ней
свои черные тени

Так из мрачных джунглей
творимой истории
средь бела дня
появляется
бумажный тигр –
людоед

The paper lie
is yellowing with time

Gunbarrels
coshes
prison bars
have branded on it
their black shadows

And so from the darkest
jungles of history
forming in broad daylight
appears a paper tiger –
a maneater